La famille du cheval

Le cheval est un grand an[imal]
et très fort, et il court très [vite...]
[...fo]ne grande famill[e...]
[...]la situation chan[ge...]
[...il y a] cinquante millions d'années, la situation [...fa]
mille du cheval était très différente...

This
stam[p]

| Hippotigris | Asinus | Equus |

10 000 000		Pliohippus	Pliocène
			Miocène
			Oligocène
50 000 000		Eohippus	Eocène

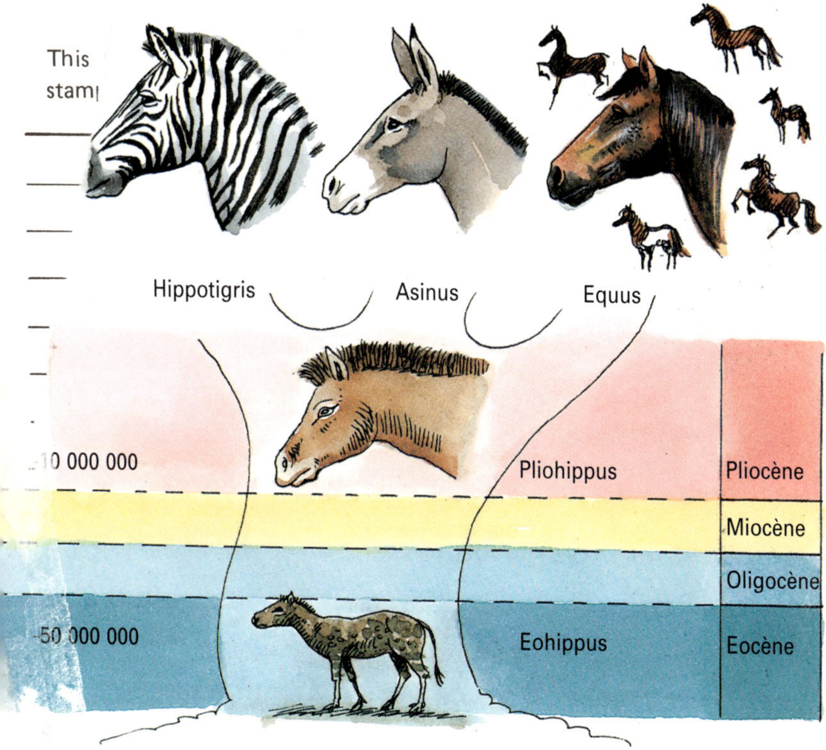

...A toi de trouver

font partie de	belong to
de temps en temps	from time to time
il y a cinquante millions d'années	fifty million years ago
à toi de trouver	now read on

un 1

Les ancêtres du cheval

Il y a 50 000 000 d'années...

Le premier cheval est tout petit - plus petit qu'un chien. Sur chaque pied, il a cinq doigts avec des griffes. Il a peur des animaux sauvages, alors il se cache dans la forêt. Il mange des feuilles.

---

les ancêtres	ancestors
le premier	the first
cinq doigts	five toes
avec des griffes	with claws
il se cache	it hides
des feuilles	leaves

Il y a 11 000 000 d'années...

Le cheval est grand comme un lion. Sur chaque pied, il a un seul doigt, couvert d'un sabot. Maintenant, pour échapper à ses ennemis, il peut galoper très vite. Il habite dans les plaines. Il mange de l'herbe.

---

un seul	just one
couvert d'un sabot	covered with a hoof
pour échapper à	to escape from
ses ennemis	its enemies
de l'herbe	grass

Le cheval et l'homme

L'homme préhistorique est l'ennemi du cheval. L'homme chasse le cheval pour le manger.

Plus tard, il y 6 000 ans, l'homme attache le cheval avec une corde. Il fait travailler le cheval, comme le bœuf.

chasse le cheval	hunts the horse
plus tard	later
attache le cheval	harnesses the horse
avec une corde	with a rope
comme le bœuf	like the ox
ça va mieux	it's better

Plus tard encore, l'homme voit que le cheval peut porter des choses sur son dos.

Finalement, il y a peut-être 4 000 ans, l'homme monte sur le dos du cheval.

A cheval, c'est plus rapide et plus pratique - pour voyager, pour chasser et pour faire la guerre.

---

plus tard encore	even later
sur son dos	on its back
voyager	to travel
faire la guerre	to make war

Le cheval moderne

Il existe 180 races différentes de chevaux.

Par exemple:

Le Shire
C'est le plus grand des chevaux. Il peut tirer cinq tonnes. Ses sabots sont couverts de poils.

Le Percheron
D'origine française, il est très grand aussi. Il est énergique, intelligent et docile.

L'Arabe
C'est le vrai cheval de course. On l'appelle «le cheval roi».

---

il peut tirer cinq tonnes	it can pull five tons
couverts de poils	covered in hair
le vrai cheval de course	the true race-horse
le cheval roi	the king of horses

L'Andalou
C'est le cheval sauvage du sud de l'Espagne. Il est très intelligent et très habile. C'est le cheval préféré des cascadeurs de cinéma.

Le Shetland
Ce poney est petit et rond. Il est très fort. Il peut tirer deux fois son propre poids.

Le Falabella
C'est le plus petit des chevaux.

Le poney
Un poney est un cheval adulte qui mesure moins de 1,47 mètre.

---

sauvage	wild
habile	skilful
préféré des cascadeurs	preferred by stuntmen
deux fois son propre poids	twice its own weight

Les cousins du cheval
Le cheval a trois cousins.

Le zèbre
Il habite en Afrique. Il est impossible à domestiquer.

L'âne
Il est patient mais quelquefois têtu. Il porte des personnes et des charges.

Le mulet
Son père est un âne et sa mère est un cheval. La mule ne peut pas faire de petits.

---

impossible à domestiquer	impossible to tame
l'âne	donkey
quelquefois têtu	sometimes stubborn
des charges	loads
le mulet/la mule	mule
ne peut pas faire de petits	can't have babies

Intéressant!

Un cheval noir peut devenir gris, et puis finalement blanc. Chaque printemps, quand le poil d'hiver tombe, la couleur de sa robe peut changer.

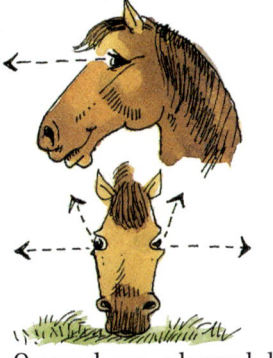

Quand un cheval lève la tête, il voit devant. Quand il baisse la tête, il voit sur le côté et derrière.

Les dents d'un cheval continuent de pousser toute sa vie.

---

devenir	become
quand le poil d'hiver tombe	when it loses its winter coat
sa robe	its coat
quand il baisse la tête	when it lowers its head
continuent de pousser	carry on growing
toute sa vie	all its life

Des records

Le cheval le plus cher a coûté treize millions de dollars, aux Etats-Unis.

Le cheval le plus grand s'appelle Sampson. Il est né en Angleterre en 1846. Il mesure 2,19 mètres et il pèse 524 kilos.

Le cheval le plus petit s'appelle Little Pumpkin. Il est né aux Etats-Unis en 1973. Il mesure 35,5 centimètres et il pèse 9 kilos.

---

a coûté	cost
est né	was born
il pèse	he weighs

Le cheval le plus vieux est mort en France en 1971, à l'âge de 54 ans!

Le saut le plus haut sur cheval est de 2,47 mètres.

Le saut le plus long à cheval est de 8,40 mètres.

Le cheval le plus rapide a couru à 70 kilomètres à l'heure.

le saut le plus haut	the highest jump
a couru	ran

Pour réussir avec les chevaux

Il faut...

...toujours monter dans la bonne direction.

...bien attacher la selle, avant de monter.

...garder tes distances en promenade avec d'autres chevaux.

...toujours porter une casquette et des bottes.

...insister, si le cheval refuse d'avancer.

pour réussir	to succeed
monter	to get on
dans la bonne direction	the right way round
bien	properly
attacher la selle	to fasten the saddle on
une casquette	riding-hat

Pour réussir avec les chevaux

Il ne faut pas...

...donner trop de sucre au cheval. C'est très mauvais pour les dents.

...donner trop d'avoine. Le cheval peut avoir mal au ventre.

...donner à manger, la main fermée. Le cheval peut penser que tes doigts sont des carottes.

---

trop de sucre	too much sugar
trop d'avoine	too many oats
la main fermée	with your hand closed
peut penser	can think
tes doigts	your fingers

Les concours

Les concours sont généralement en deux parties différentes.

Le saut d'obstacles
Le cheval doit sauter
plusieurs obstacles
dans un certain ordre,
et le plus vite possible.

Le dressage
C'est comme la danse
ou le patinage artistique
– pour chevaux!

---

les concours	competitions
le saut d'obstacles	show-jumping
le patinage artistique	figure skating

Les courses

Les courses de galop
Le vainqueur est le cheval qui
finit le premier
- avec son cavalier
toujours sur le dos!

Les courses d'obstacles
Le cheval doit sauter
des obstacles comme
des rivières et des haies.
Ça peut être dangereux.
Beaucoup de cavaliers tombent –
des chevaux aussi.

---

les courses de galop	flat-racing
le vainqueur	the winner
avec son cavalier	with its rider
les courses d'obstacles	steeple-chases
des haies	hedges

quinze

Identifie chaque image, puis écris la bonne description.

le sabot   du premier cheval
l'oreille   d'un zèbre
le ventre   d'un poney
le dos   d'un Shire
les dents   d'un mulet
la griffe   d'un âne
la tête   d'un cheval